D1750560

INS NÄCHSTE JAHRZEHNT

Für: ....

Von: ....

Grafik Werkstatt

Ich weiß, es ist hart, aber so ein Sprung ins nächste

JAHRZEHNT

ist einfach unvermeidlich.
Das wird schon!

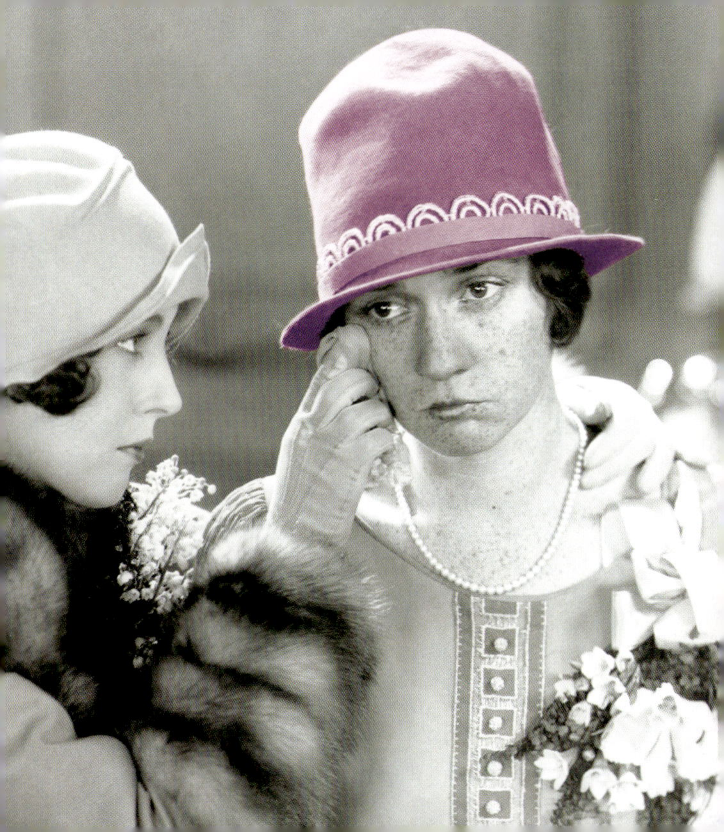

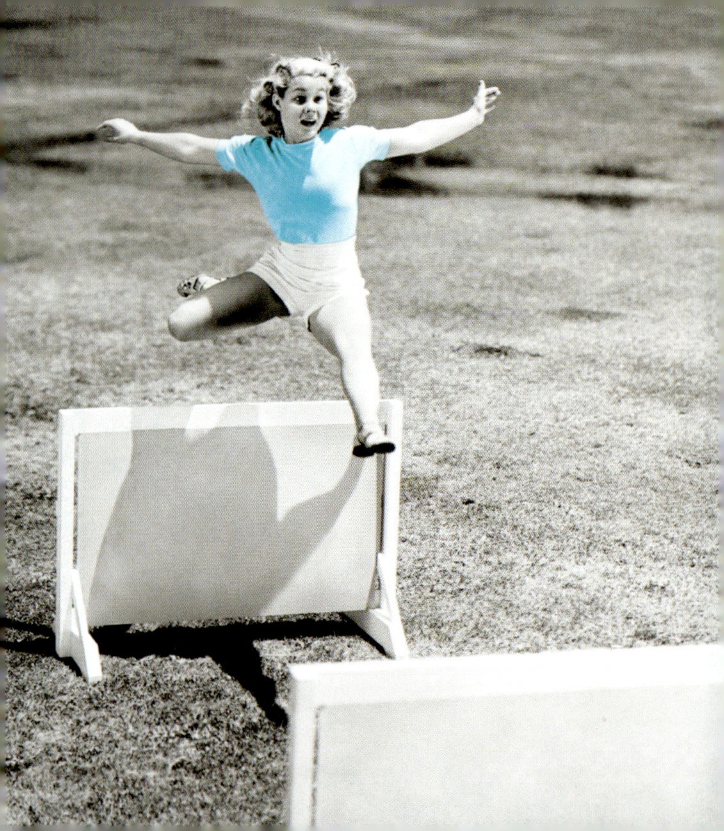

Nimm einfach den Schwung mit,
den du sowieso schon hast, dann
schaffst du die Hürde mit einem
KLEINEN HÜPFER!

Die trüben Zeiten sind vorbei!
Ab jetzt wirst du auch

IM REGEN TANZEN,

anstatt auf die Sonne zu warten.

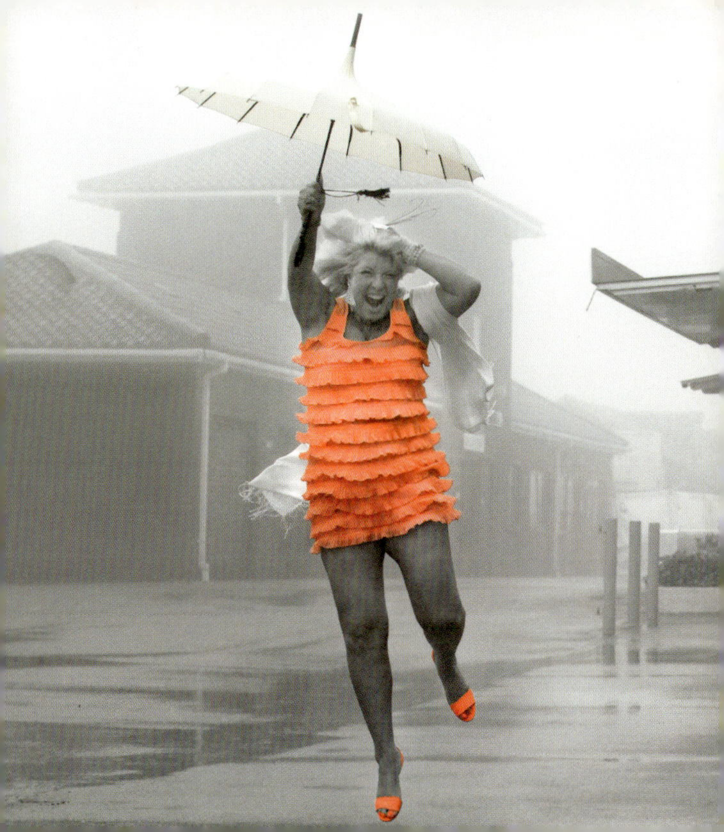

Was macht schon so
eine kleine neue Ziffer?
Du bist in der

FORM
DEINES LEBENS!

Und weil hinten
die Null steht,
fühlst du dich sowieso
wie neugeboren.

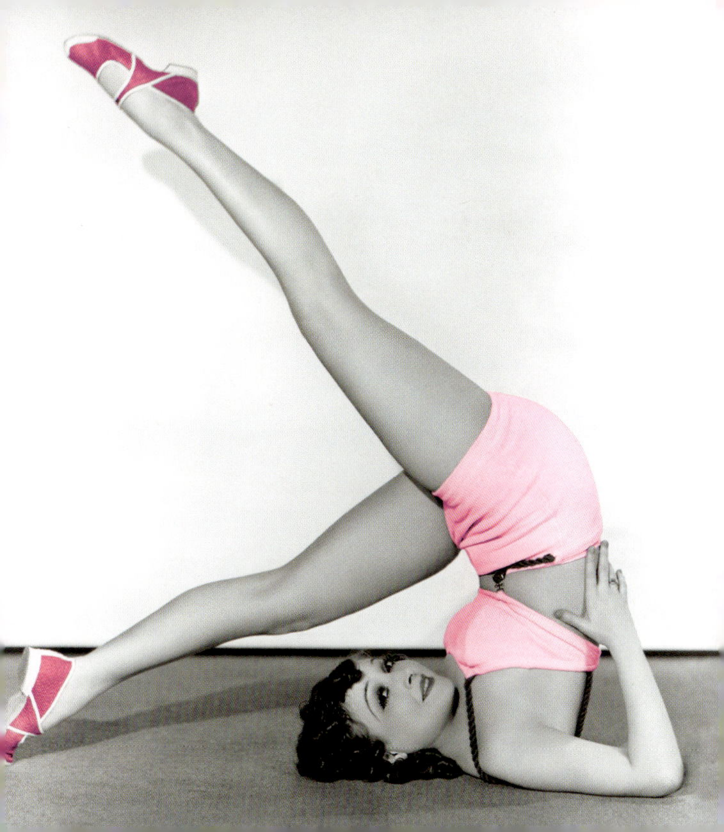

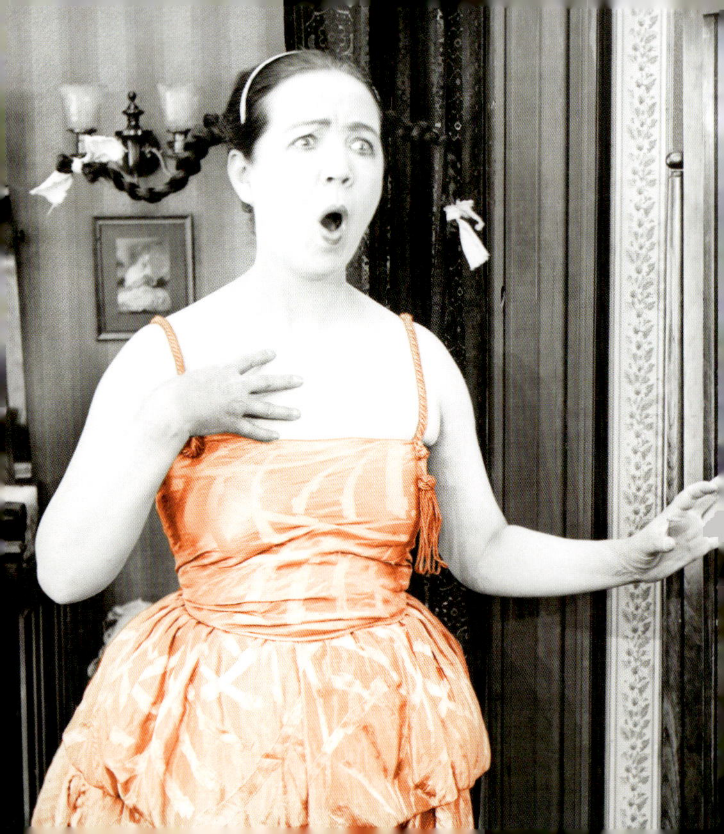

Du kannst noch so oft das **SPIEGLEIN** befragen, die Antwort wird immer lauten: Die Zeit ist spurlos an dir vorübergegangen.

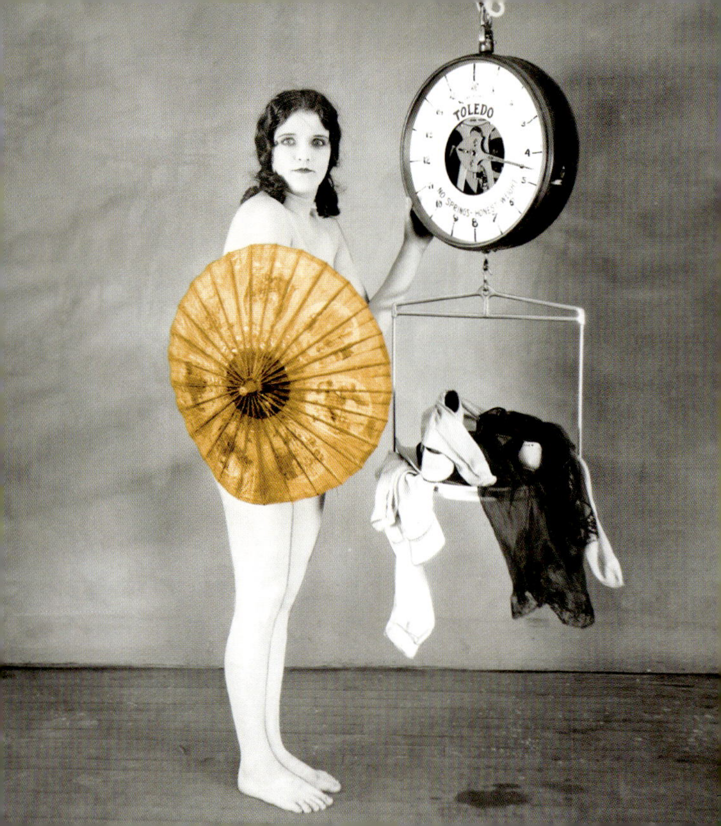
TOLEDO
NO SPRINGS-HONEST WEIGHT

GEWICHTSPROBLEME

hattest du noch nie im Leben.
Jetzt weißt du auch,
warum die Waage
immer so viel angezeigt hat:
Es waren die Klamotten!

Damit die Haut
erst gar nicht
auf die Idee kommt,

FALTEN

zu werfen, gönnst
du ihr täglich
ein paar Stündchen
entspannte
Aufmerksamkeit.

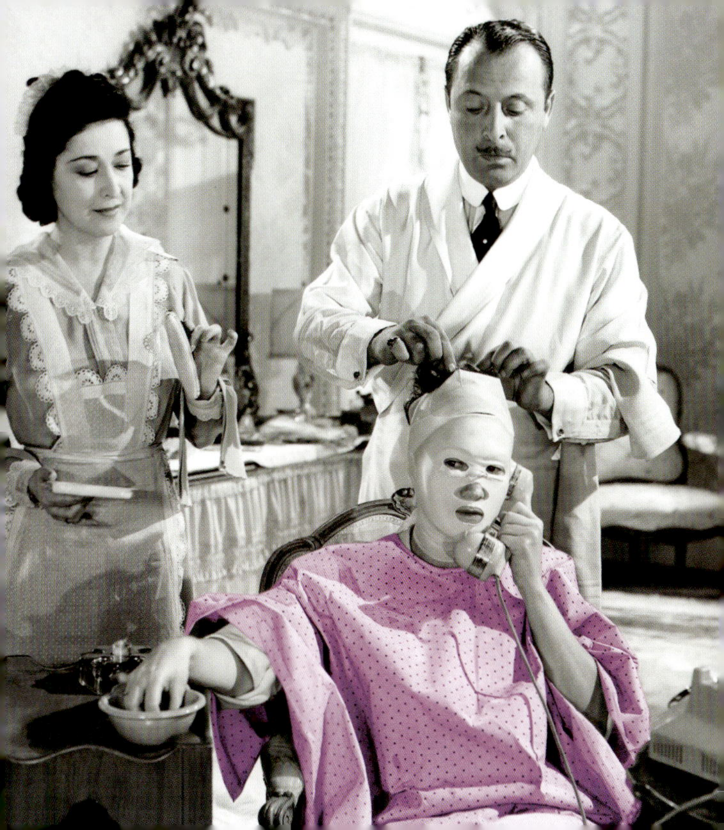

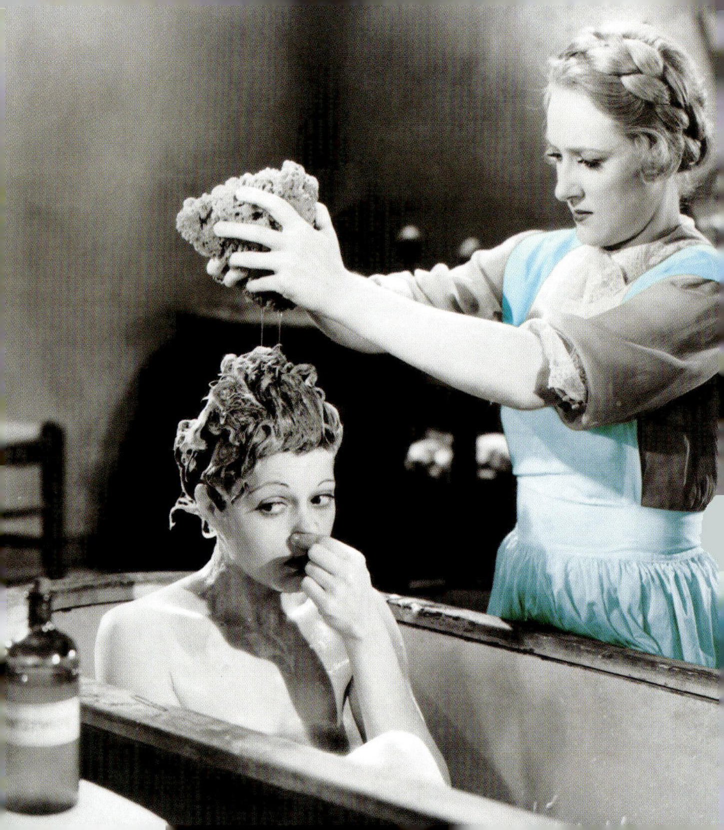

Schönheit kommt zwar
auch von innen,
doch du wirst ab jetzt
alles für deinen Körper tun.
Der verschärfte Plan ist:
JEDEN SAMSTAG
wird gebadet!

Falls dein Fitnessplan
doch nicht funktioniert,
gehst du in die Offensive
und startest eine
Kampagne gegen

**VERSTECKTE
FETTE.**

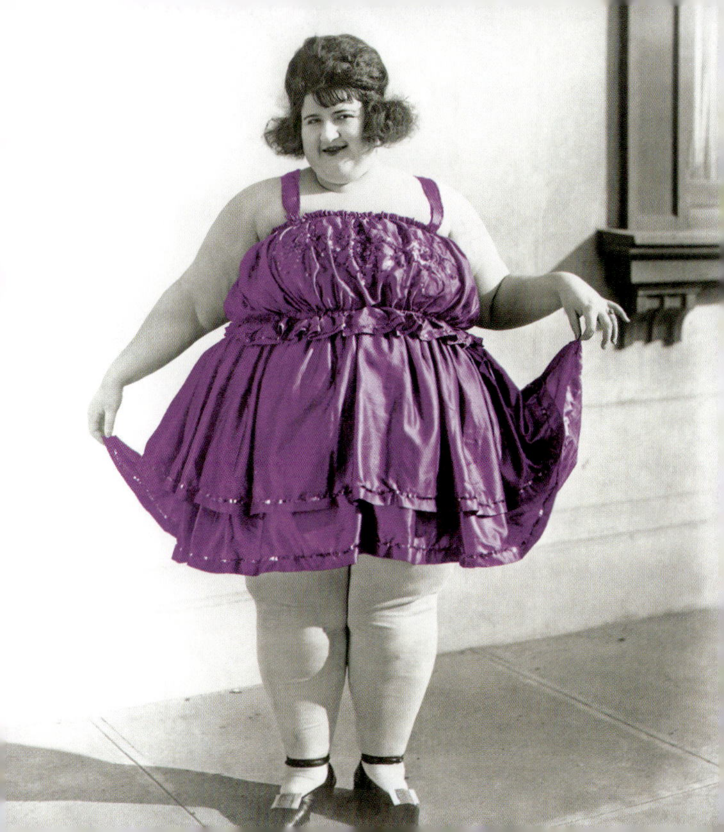

Der Typ an deiner Seite darf
künftig auf gar keinen Fall ein
EXEMPLAR VON DER STANGE
sein, da muss schon
was Ausgefallenes her!

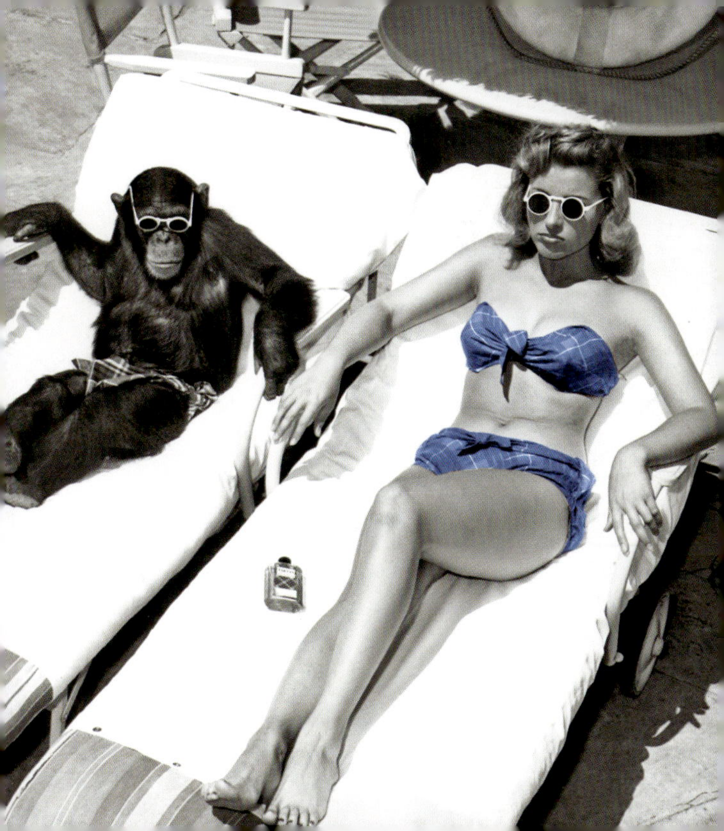

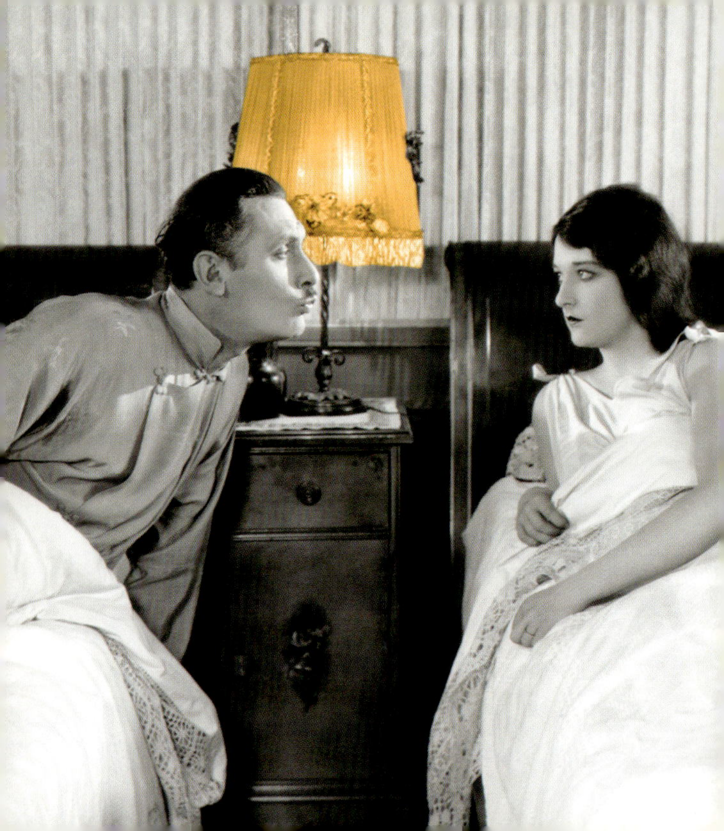

Vor allem solltest du
nicht mehr auf
STARKE KERLE
reinfallen, die viel mehr versprechen,
als sie jemals halten können.

Als Test für zukünftige
VEREHRER
gibst du vor, nur streng
vegan kochen zu können.
Wer sich dann noch
auf ein nächstes
Treffen einlässt,
meint es ernst.

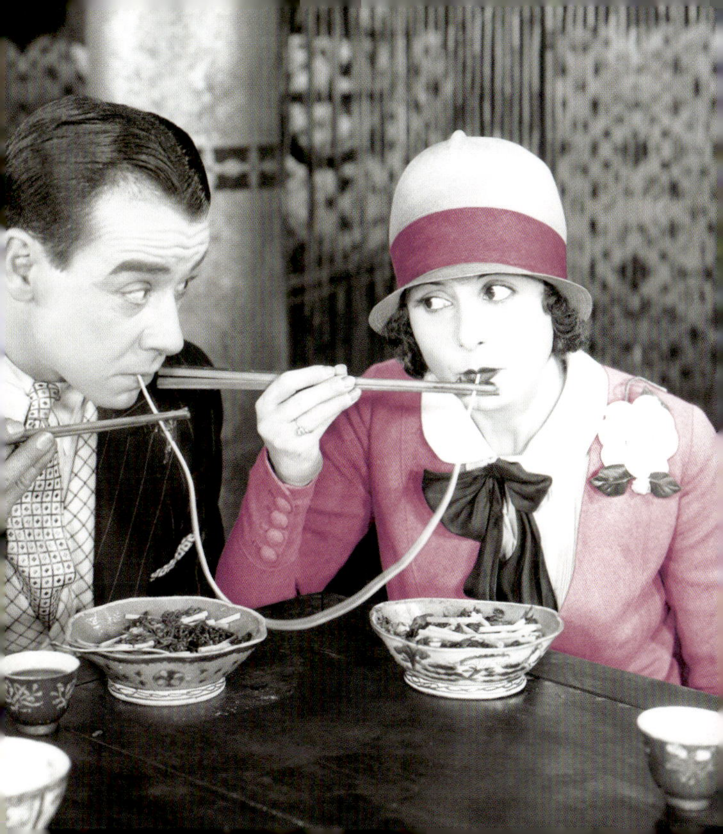

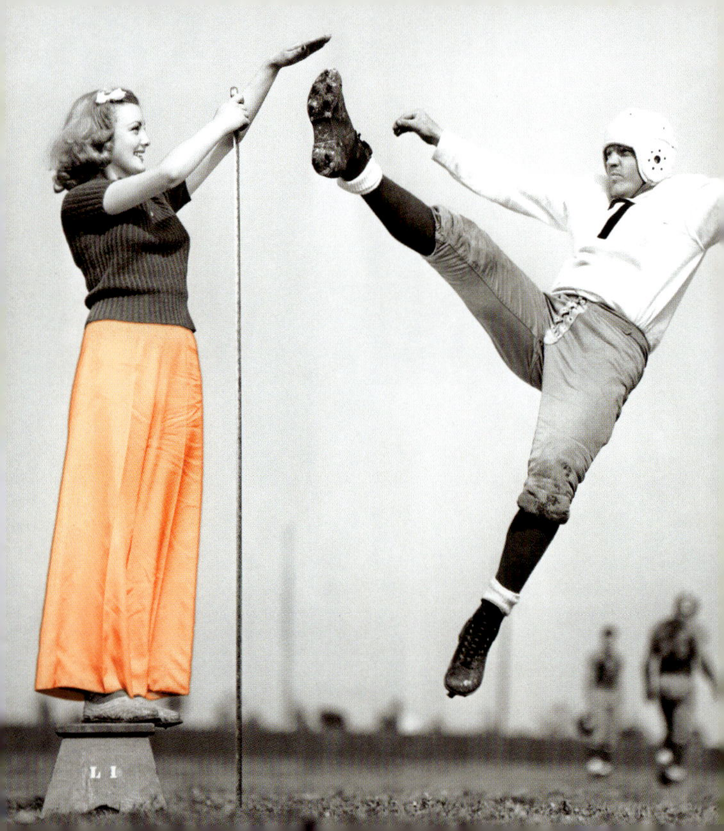

Deinen liebsten Zweibeiner
solltest du regelmäßig auf dem
MÄNNERPLATZ
trainieren, damit er in Form bleibt
und lernt, auch auf kleine Zeichen
sofort zu reagieren.

Einmal konsequent erzogen,
erledigt der freiwillige

BEGLEITER

geduldig und klaglos
nach der Arbeit alle ihm
aufgetragenen kleinen Aufgaben.

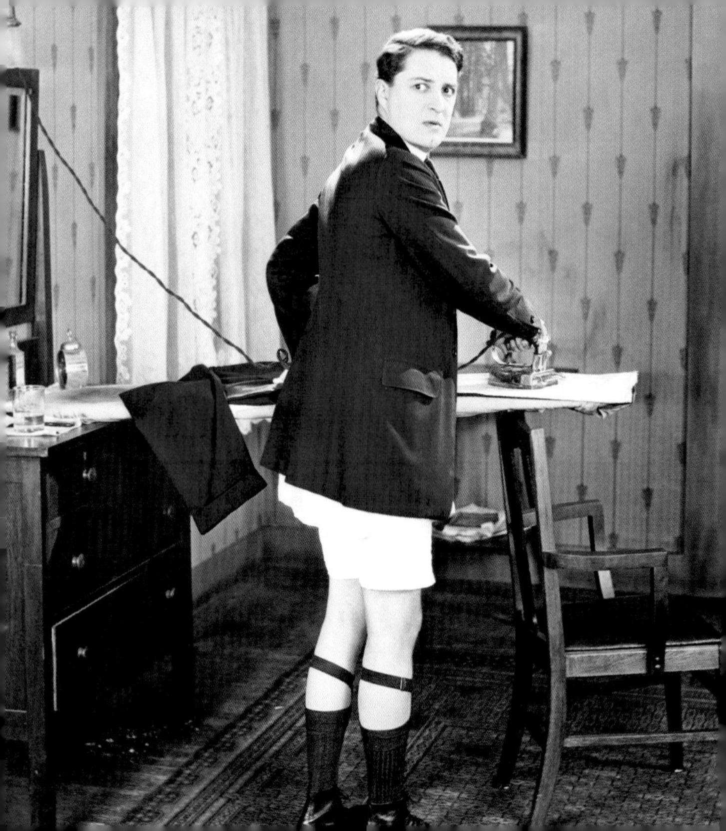

Unbedingt erforderlich für
das kommende Jahrzehnt ist
PERSONAL!
So ein schicker
Motivationstrainer
hat noch nie geschadet!
Vor allen Dingen sollte
er dichthalten können.

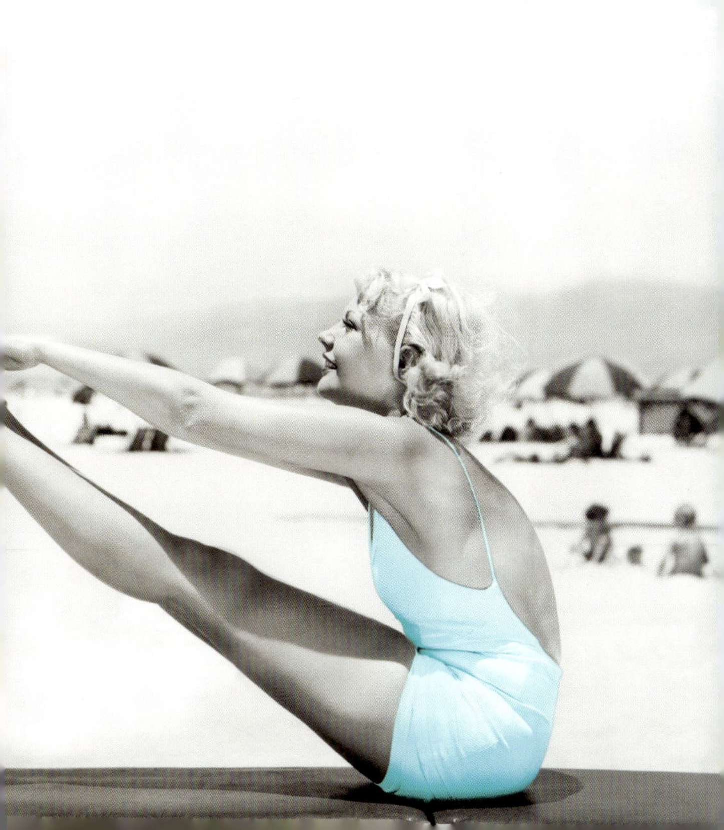

Dein Traum war immer
schon ein eigener
VERWALTER
für deine stetig erweiterbare
Schuhsammlung.

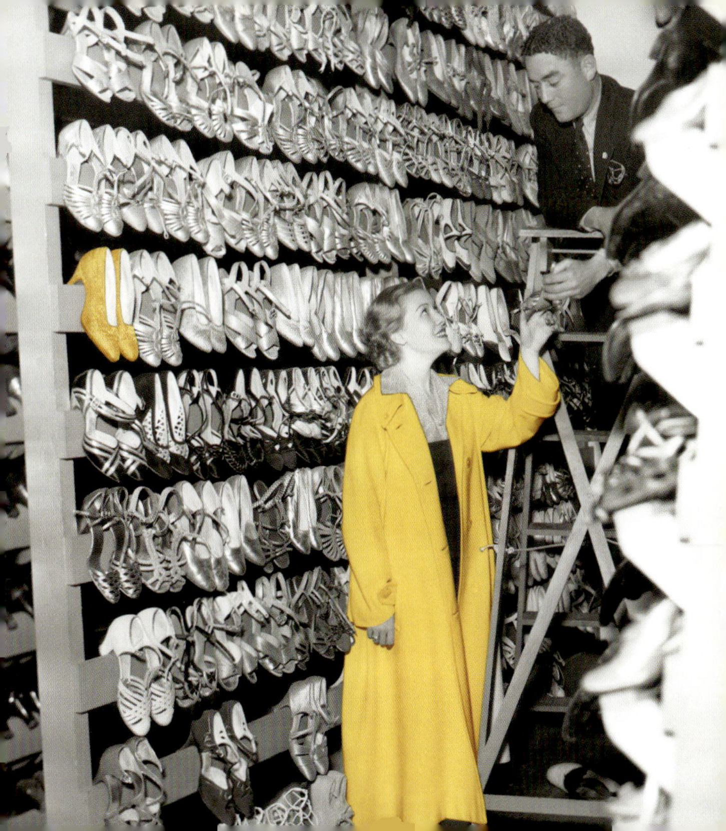

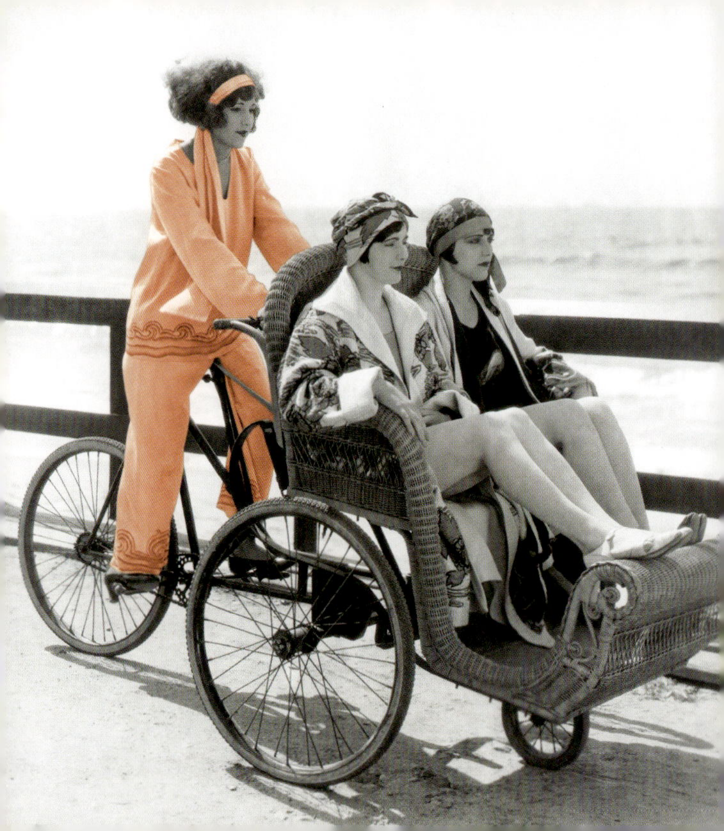

Ein Sprung in einen
neuen Lebensabschnitt
eröffnet auch berufliche Chancen.
Wie wäre es mit einem eigenen
TAXI-UNTERNEHMEN?

Natürlich wärst du auch als professionelle
GARTENDESIGNERIN
absolut erfolgreich, gar keine Frage.

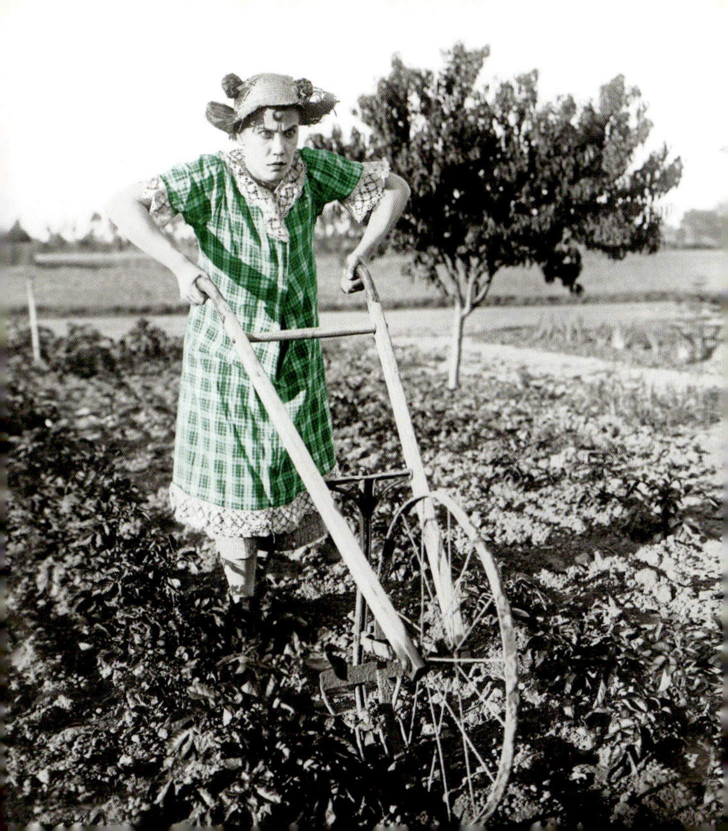

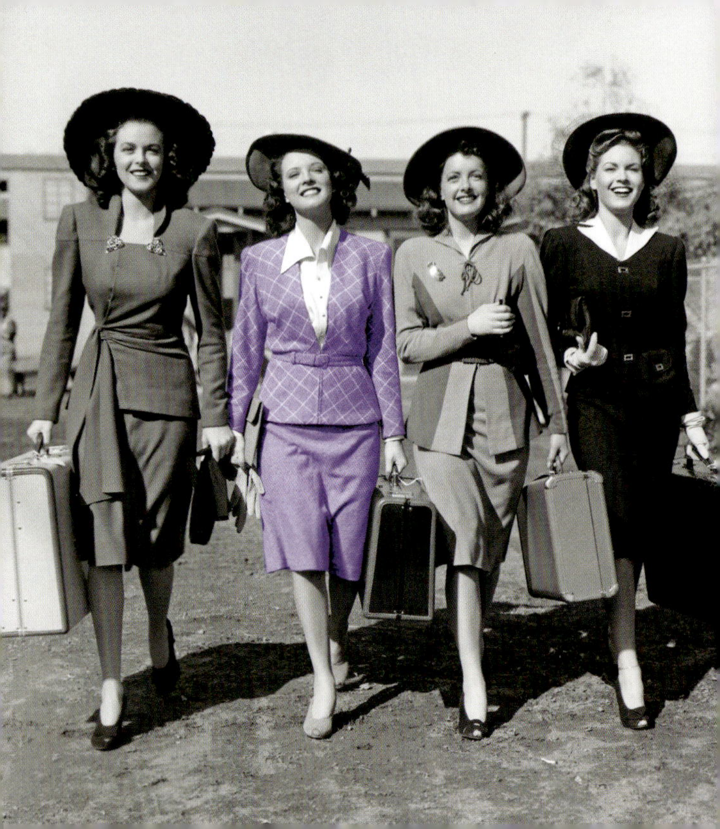

Mittlerweile hast du ja schon
so eine riesige Erfahrung im
SHOPPING,
dass du das künftig auch
hauptberuflich machen könntest.

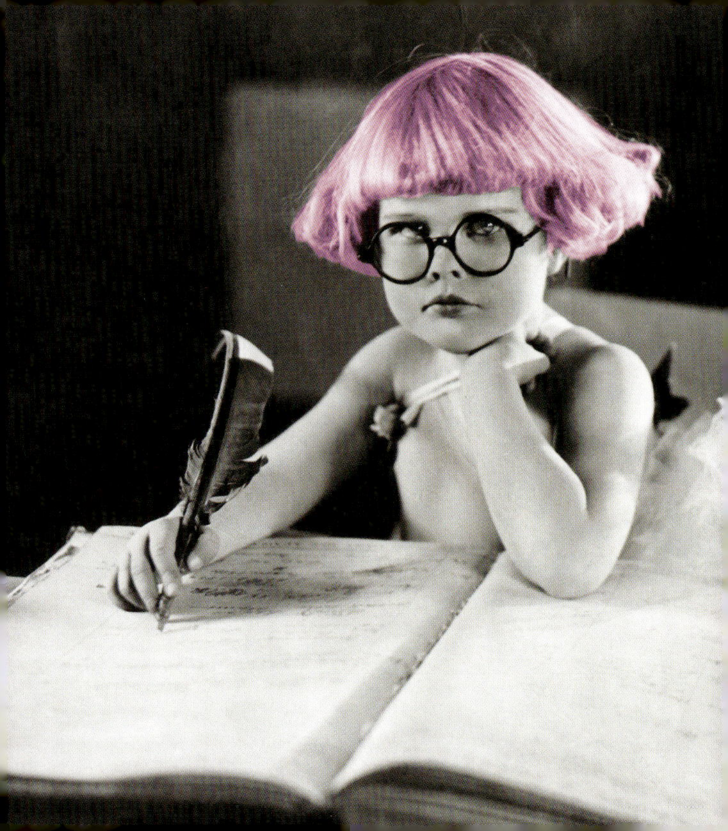

Für deine
MEMOIREN
bist du echt noch etwas zu jung,
aber so ein Autorenvertrag
wär schon lässig.

TIERSCHUTZ

und soziales Engagement
stehen bei dir
ganz oben auf der Liste.
Du konntest alternde Truthähne
noch nie leiden sehen.

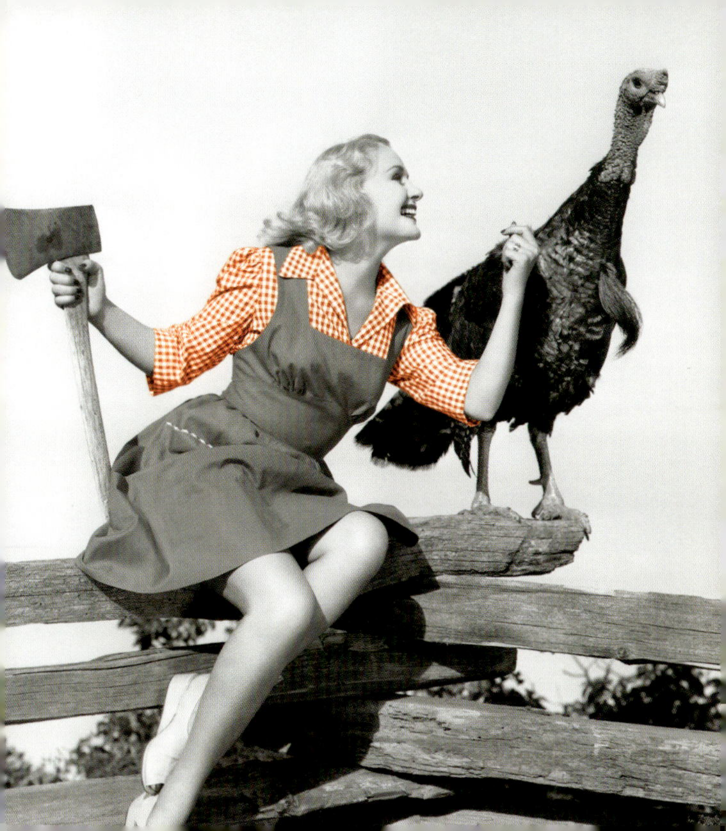

Entdecke dein
musikalisches Talent!
Wie wär's
mit einer angesagten
GIRLGROUP
und zehn Millionen
YouTube-Clicks?

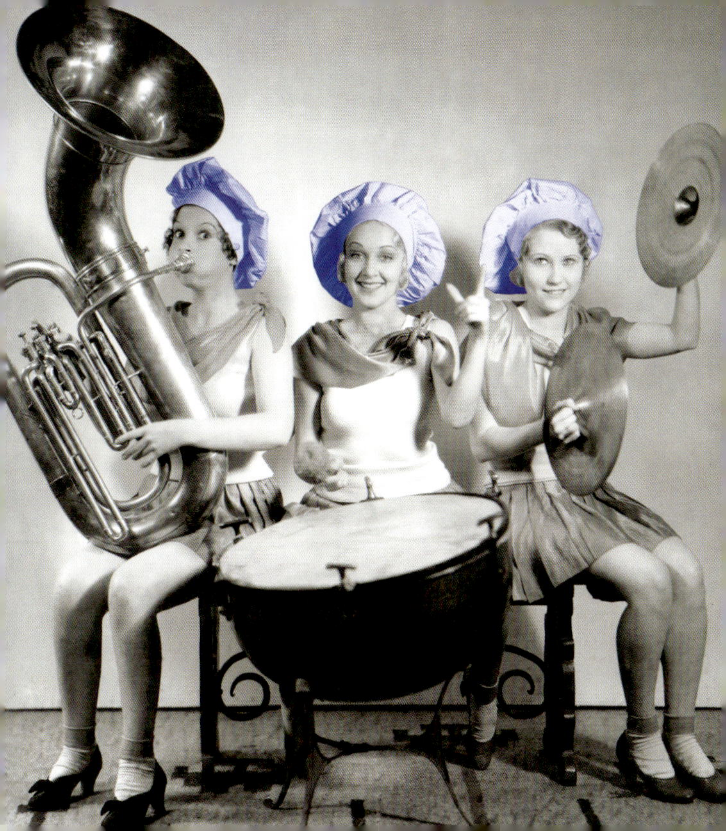

Was wäre das Leben ohne gute

FREUNDINNEN?

Mit ihnen werden nicht nur der Geburtstag, bestimmt auch die nächsten zehn Jahre ein großes Fest!

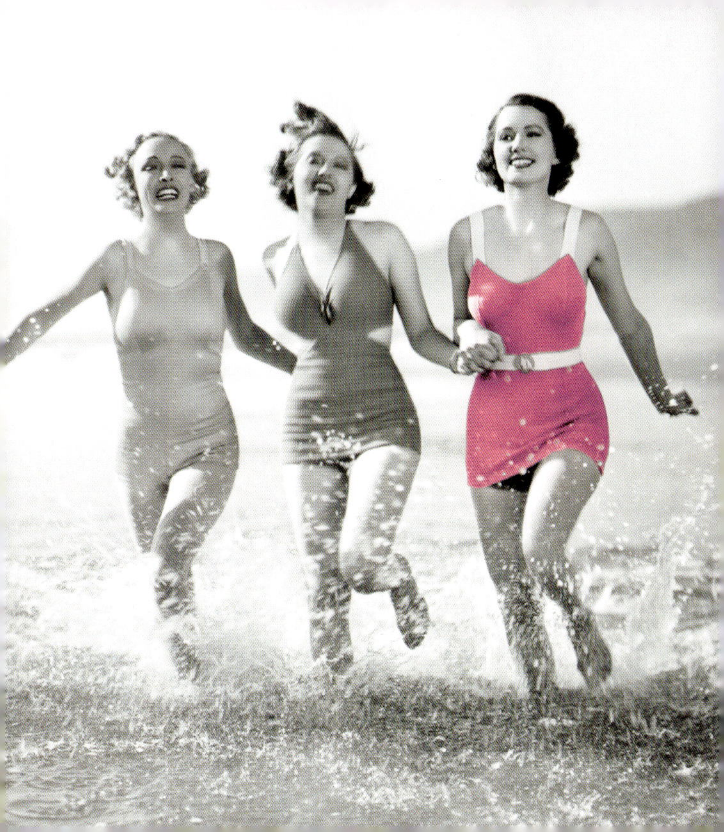

DESIGN
Werner Bethmann

BILDNACHWEIS
Seite 7: © mauritius images/Alamy
Titel + Inhalt: © Everett Collection/shutterstock.de

TEXTNACHWEIS
Werner Bethmann

Alle Rechte vorbehalten, auch auszugsweise.
ISBN 978-3-86229-385-8

Inverkehrbringer:
GW-Trading GmbH
Stadtring Nordhorn 113
33334 Gütersloh · Deutschland
© Grafik Werkstatt "Das Original" · www.gwbi.de